La cuisine marocaine

Salade marocaine

Ingrédients :

- *1 poivron vert*
- *2 tomates*
- *1 concombre*
- *1 petit oignon*
- *du sel et du poivre*
- *2 c.à.s. d'huile*
- *1 c.à.s. de vinaigre*

Décoration : - *quelques olives noires*

Préparation :

Laver et éplucher les légumes, les couper en petits dés et les disposer dans un saladier.

Sauce vinaigrette :

Mélanger l'huile, le vinaigre puis saler et poivrer selon votre goût. Arroser la salade avec la sauce vinaigrette. Mélanger et décorer avec les morceaux d'olives.

Salade bakkoula

- *2 bouquets de bakkoula*
- *5 c.à.s. d'huile d'olive*
- *1 c.à.c. de cumin*
- *1 c.à.c. de piment doux*
- *1 c.à.c. de harissa*
- *du sel*
- *5 gousses d'ail*
- *5 c.à.s. de persil haché*
- *5 c.à.s. de coriandre hachée*
- *le jus d'un citron*

Décoration :

- *50 g d'olives rouges*
- *1 citron confit*

Préparation :

Nettoyer les deux bouquets de la plante et ôter les feuilles jaunes et abîmées. Rincer à plusieurs reprises sous l'eau courante. Égoutter et hacher finement à l'aide d'un couteau.
Dans un couscoussier, faire cuire, à la vapeur, la *bakkoula* pendant 20 min.

Disposer ensuite dans une poêle, ajouter l'huile d'olive, le cumin, le piment doux, la harissa, le sel, l'ail finement haché, le persil et la coriandre.
Faire revenir le tout sur feu doux pendant 10 min. Remuer avec une spatule en bois en arrosant avec le jus de citron en fin de cuisson. Avant de servir, décorer d'olives et de lamelles de citron confit.

Zâalouk

Ingrédients :

- 2 aubergines moyennes
- du sel et du poivre
- 4 gousses d'ail
- 4 tomates
- 5 c.à.s. d'huile d'olive
- ½ c.à.c. de piment doux
- ½ c.à.c. de cumin
- 1 c.à.s. de persil et de coriandre hachés

Préparation :

Éplucher les aubergines, les découper grossièrement, les saler et les faire pocher avec de l'ail sur feu doux. Égoutter et réserver.

Équeuter, monder et épépiner les tomates. Les découper en morceaux et les faire cuire dans une poêle avec l'huile, le piment doux et le cumin. Saler et poivrer. Vous pouvez également ajouter du concentré de tomates pour enrichir la sauce et accentuer le goût.

Une fois la sauce de tomate réduite, ajouter le persil, la coriandre, les dés d'aubergines et l'ail. Dès que ces derniers deviennent tendres, les écraser à l'aide d'une spatule en bois puis mélanger jusqu'à ce que tous les éléments soient homogènes.
Servir de préférence tiède.

Tacktouka aux poivrons

Ingrédients :

- *1 poivron rouge*
- *1 poivron vert*
- *4 tomates*
- *4 c.à.s. d'huile d'olive*
- *4 gousses d'ail écrasées*
- *½ c.à.c. de piment doux*
- *½ c.à.c. de cumin*
- *du sel et du poivre*
- *1 c.à.s. de persil et de coriandre hachés*

Préparation :

Faire griller les poivrons sur le feu puis réserver dans un sac en plastique alimentaire, pendant quelques minutes afin qu'ils refroidissent et soient faciles à éplucher (*il est déconseillé de les laver après les avoir épluchés*). Les découper en petits dés.

Équeuter, monder et épépiner les tomates puis couper en petits dés et faire saisir dans une poêle avec l'huile, l'ail, le piment doux et le cumin. Saler et poivrer. Laisser réduire la sauce sur feu doux en prenant soin de remuer.

Ajouter à la sauce les dés de poivrons et remuer le tout avec une spatule en bois. A la fin de la cuisson, parsemer la *tacktouka* avec le persil et la coriandre hachés en guise de décoration.

Servir chaud ou froid selon votre goût.

Salade de concombres

Ingrédients :

- *250 g de concombres*

Sauce sucrée :

- *2 c.à.s. de sucre semoule*
- *1 c.à.s. d'eau de fleurs d'oranger*
- *2 c.à.s. de jus de citron*
- *le jus d'une orange*
- *½ c.à.c. d'origan*

Sauce salée :

- *du sel et du poivre*
- *2 c.à.s. de vinaigre*
- *2 c.à.s. d'huile*

Préparation :

Laver et râper finement les concombres.

Pour la salade sucrée :
Ajouter le sucre, l'eau de fleurs d'oranger, le jus de citron, le jus d'orange, mélanger le tout et parsemer avec l'origan.

Pour la salade salée :
Ajouter aux concombres, le sel, le poivre, le vinaigre et l'huile.
Bien mélanger et servir.

Salade de betteraves

Ingrédients :

- *250 g de betteraves*

Sauce salée :

- *2 gousses d'ail écrasées*
- *1 c.à.c. de vinaigre*
- *du sel et du poivre*
- *1 c.à.s. de persil haché finement*

Sauce sucrée :

- *le jus d'un citron*
- *2 c.à.s. de sucre semoule*

Préparation :

Pocher les betteraves jusqu'à cuisson complète. Laisser refroidir, éplucher et découper en cubes.

Pour la salade salée :
Mélanger les betteraves avec de l'ail, le vinaigre et le persil. Saler et poivrer selon le goût et servir froid.

Pour la salade sucrée :
Laisser mariner les betteraves dans le jus de citron et le sucre pendant 5 min.
Mélanger et servir froid.

Salade de pommes de terre

Ingrédients :

- *250 g de pommes de terre*
- *du sel*
- *1 c.à.c. de moutarde*
- *2 c.à.s. d'huile*
- *1 c.à.s. de vinaigre*
- *¼ de c.à.c. de poivre blanc*
- *1 c.à.s. de persil finement haché*
- *1 c.à.s. d'oignon coupé en petits dés*

Préparation :

Laver et pocher les pommes de terre dans de l'eau salée. Les éplucher et découper grossièrement en cubes.

Préparation de la sauce :
Mélanger la moutarde, l'huile, le vinaigre, le poivre blanc, le persil et l'oignon. Fouetter bien pour obtenir une sauce consistante.
Dresser les morceaux de pommes de terre sur un plat de présentation et arroser avec la sauce.
Servir la salade froide.

Salade de carottes

Ingrédients :

- *250 g de carottes*
- *du sel et du poivre*
- *3 gousses d'ail finement hachées*
- *2 c.à.s. d'huile*
- *¼ de c.à.c. de cumin*
- *1 c.à.s. de persil finement haché*

Préparation :

Éplucher et couper les carottes en petits morceaux et les pocher dans de l'eau salée. Égoutter et disposer dans une poêle sur feu doux, saler et poivrer puis mélanger délicatement avec de l'ail, l'huile, le cumin et le persil.

Servir chaud ou froid selon la saison.

Maâkouda

Ingrédients :

- *4 pommes de terre découpées en cubes*
- *2 oeufs*
- *2 c.à.s. de persil et de coriandre hachés*
- *3 gousses d'ail écrasées*
- *1 c.à.s. de cumin*
- *¼ de c.à.c. de curcuma*
- *du sel et du poivre*
- *un peu de farine*
- *de l'huile pour friture*

Préparation :

Laver et pocher les pommes de terre dans de l'eau salée puis les réduire en purée avec un moulin ou en les écrasant avec une fourchette.

Disposer la purée obtenue dans un saladier, y ajouter un oeuf, le persil, la coriandre, l'ail écrasé, le cumin et le curcuma. Saler, poivrer et mélanger le tout.

Confectionner des boulettes avec la purée et les aplatir légèrement avec les doigts. Les tremper une à une dans un bol contenant un œuf battu puis fariner des deux côtés. Prendre soin de bien enlever l'excédant de farine en tapotant légèrement les *maâkoudas*.

Dans une friture brûlante plonger les *maâkoudas* et les faire dorer des deux côtés.

Soupe aux petits pois secs

Ingrédients :

- *500 g de petits pois secs*
- *½ c.à.c. de sel*
- *1 c.à.c. de cumin*
- *8 gousses d'ail écrasées*
- *de l'eau*
- *l'huile d'olive*
- *piment de Cayenne*
- *1 c.à.c. de piment doux*

Préparation :

Verser 1,5 litre d'eau dans la cocotte-minute et porter à ébullition. Nettoyer bien les petits pois, les laver et les disposer dans de l'eau bouillante. Ajouter le sel, le cumin et l'ail. Fermer et laisser cuire pendant 30 min ou jusqu'à cuisson entière des petits pois. Retirer du feu, laisser refroidir et mixer tout le contenu de la cocotte jusqu'à l'obtention d'une soupe à consistance liée. Réchauffer la soupe et servir en saupoudrant de piment doux et de Cayenne. Ajouter un filet d'huile d'olive, selon le goût.

Soupe aux fèves sèches

Ingrédients :

- *500 g de fèves sèches*
- *de l'eau*
- *8 gousses d'ail écrasées*
- *1 c.à.c. de sel*
- *1 c.à.c. de piment doux*
- *1 c.à.c. de cumin*
- *l'huile d'olive (selon le goût)*
- *un peu de paprika*

Préparation :

Verser 1,5 litre d'eau dans la cocotte-minute et porter à ébullition. Nettoyer les fèves laver et verser dans l'eau bouillante, ajouter les gousses d'ail écrasées, le sel et le piment doux, laisser mijoter 30 min. Une fois les fèves bien cuites, retirer du feu et laisser refroidir. Mixer le contenu de la cocotte pour obtenir une soupe à consistance liée. Remettre la soupe dans la cocotte pour la chauffer sur feu doux.
Servir chaud en saupoudrant de cumin et de paprika et en ajoutant un filet d'huile d'olive.

Soupe "La harira"

Ingrédients :

- *½ bol de lentilles*
- *1 bol de pois chiches*
- *1 bol de viande de bœuf découpée en morceaux*
- *1 bol d'oignons taillés*
- *1 bol de tomates mondées et concassées*
- *½ bol de céleri branche haché*
- *1 c.à.c. de gingembre moulu*
- *un peu de safran colorant*
- *1 c.à.s. de beurre ou 1 c.à.c. de beurre rance (smen)*
- *du sel*
- *½ c.à.c. de poivre*

- *2 litres d'eau + 1 bol d'eau*
- *1 bol de farine*
- *50 g de concentré de tomates*
- *½ bol de cheveux d'ange*
- *1 bol de persil et de coriandre hachés*

Préparation :

Faire tremper la veille les lentilles et les pois chiches. Eplucher ces derniers. Mettre dans une cocotte-minute les lentilles, les pois chiches, les morceaux de viande, l'oignon, les tomates, le céleri, le gingembre, le safran colorant et le beurre. Saler, poivrer et ajouter 2 litres d'eau. Laisser cuire pendant 35 min.

Préparation de la liaison :
Faire diluer la farine avec de l'eau en fouettant énergiquement pour éviter la formation de grumeaux.

Vérifier si la viande est parfaitement cuite puis ajouter le concentré de tomates. Mélanger bien et verser la liaison sur la préparation. Remuer constamment pendant 10 min.

Ajouter à la soupe les cheveux d'ange, la coriandre et le persil. Remuer le tout et laisser mijoter une dernière fois pendant 10 min.

Servir chaud.

Les lentilles

Ingrédients :

- *250 g de lentilles (trempées la veille dans l'eau)*
- *1 oignon moyen*
- *1 grosse tomate*
- *4 gousses d'ail écrasées*
- *1 c.à.s. de concentré de tomates*
- *5 c.à.s. d'huile d'olive*
- *du sel*
- *¼ de c.à.c. de poivre*
- *un peu de safran colorant*
- *½ c.à.c. de cumin*
- *1 c.à.s. de persil et de coriandre hachés*
- *de l'eau*

Préparation :

Nettoyer et laver les lentilles puis disposer dans une marmite. Ajouter l'oignon ciselé, la tomate concassée, l'ail, le concentré de tomates, l'huile, le sel, le poivre, le safran colorant, le cumin et deux grands verres d'eau. Mettre le tout sur feu moyen jusqu'à cuisson complète puis ajouter le persil et la coriandre hachés. Servir chaud.

Les haricots secs

Ingrédients :

- *250 g d'haricots secs*
- *2 tomates*
- *4 gousses d'ail écrasées*
- *du sel*
- *¼ de c.à.c. de poivre*
- *un peu de safran colorant*
- *½ c.à.c. de cumin*
- *5 c.à.s. d'huile*
- *1 c.à.s. de concentré de tomates*
- *1 c.à.s. de persil et de coriandre hachés*
- *de l'eau*

Préparation :

Tremper la veille les haricots secs dans l'eau. Les égoutter et les pocher dans de l'eau bouillante. Egoutter et réserver.

Dans une marmite, disposer les tomates concassées, l'ail, le sel, les épices, l'huile, le concentré de tomates et deux grands verres d'eau. Porter à ébullition sur un feu moyen. Ajouter les haricots pochés puis le persil et la coriandre hachés. Laisser mijoter et retirer du feu quand les haricots deviennent bien tendres. Servir chaud.

Coquelets farcis à la semoule

Ingrédients :

- *2 petits coquelets*
- *1 gros oignon haché*
- *4 c.à.s. d'huile*
- *3 gousses d'ail écrasées*
- *½ c.à.c. de sel*
- *¼ de c.à.c. de poivre*
- *½ c.à.c. de gingembre*
- *un peu de safran colorant*
- *1 grand verre et ½ d'eau*

La farce :

- *200 g de couscous cuit (voir pages 32-33)*
- *2 c.à.s. de raisins secs*
- *3 c.à.s. d'amandes pochées, mondées et concassées*
- *½ c.à.s. de cannelle*
- *1 c.à.s. de beurre*
- *un peu de gomme arabique en poudre*
- *1 c.à.s. de sucre semoule*

Décoration : *- quelques amandes pochées et mondées*

Préparation :

La farce : dans un récipient, mettre le couscous, les raisins secs, les amandes préalablement concassées, la cannelle, le beurre, la gomme arabique et le sucre. Bien mélanger le tout.

Rincer les coquelets et égoutter. Les farcir avec le mélange de couscous puis les brider.

Dans une marmite sur feu moyen, chauffer l'huile, faire dorer les coquelets farcis et l'oignon. Ajouter en même temps, l'ail, le sel, le poivre, le gingembre et le safran colorant. Remuer doucement.

Ajouter les amandes pochées, mouiller d'eau et couvrir la marmite jusqu'à cuisson des coquelets environ 30 min (veiller à garder un peu de sauce pour la présentation). Ajouter l'eau si besoin est.

Poulet fermier

Ingrédients :

- *1 poulet fermier de 1,5 kg*
- *6 c.à.s. d'huile*
- *du sel*
- *2 grands oignons hachés*
- *4 gousses d'ail hachées*
- *½ c.à.c. de gingembre*
- *¼ de c.à.c. de poivre*
- *un peu de safran colorant*
- *quelques pistils de safran pur*
- *1,5 litre d'eau*

La farce :

- *1 sachet de vermicelle chinois (100 g)*
- *100 g de foies de poulet en morceaux*
- *2 gousses d'ail écrasées*
- *2 c.à.s. de persil et de coriandre hachés*
- *du sel et du poivre*
- *2 c.à.s. d'huile*

Décoration :

- *100 g d'olives rouges*
- *citron confit*

Préparation :

La farce :
Faire ramollir le vermicelle chinois dans un bol d'eau chaude quelques minutes, l'égoutter et le découper.

Ajouter les foies en morceaux (*abattis*), l'ail écrasé, le persil, la coriandre, le sel, le poivre et les deux cuillères d'huile puis bien mélanger.

Laver le poulet avec l'eau salée après l'avoir préparé. Farcir avec la préparation de vermicelle puis raccommoder l'ouverture avec un fil alimentaire.

Disposer le poulet dans une cocotte avec l'huile, le sel, l'oignon haché et l'ail. Faire revenir à feu moyen en remuant de temps à autre jusqu'à coloration des éléments. Ajouter le reste des épices, remuer et arroser avec 1,5 litre d'eau. Couvrir et laisser cuire pendant environ 1 h.

Ajouter les olives (méthode en page 29) et laisser cuire pendant 10 min. Servir chaud accompagné de sauce et décorer avec des lamelles de citron confit.

Pastilla au poulet

Ingrédients :

- *500 g de feuilles de pastilla (grand format)*
- *200 g de beurre*
- *1 jaune d'oeuf*

La farce de poulet :

- *1 poulet de 2 kg environ*
- *6 c.à.s. d'huile*
- *5 oignons moyens hachés*
- *1 c.à.c. de sel*
- *½ c.à.c. de poivre*
- *½ c.à.c. de cannelle en poudre*
- *un peu de safran colorant*
- *quelques pistils de safran pur*
- *de l'eau*
- *1 bouquet de persil haché*
- *8 oeufs*

La farce d'amandes :

- *500 g d'amandes (pochées et mondées)*
- *200 g de sucre semoule*
- *2 c.à.s. d'eau de fleurs d'oranger*
- *1 c.à.s. de cannelle en poudre*

Garniture :

- *3 c.à.s. de miel*
- *100 g d'amandes (pochées, frites et concassées)*
- *du sucre glace*
- *de la cannelle en poudre*

Préparation :

Farce de poulet : Laver le poulet à l'eau courante et nettoyer les racines des plumes. Dans une marmite, faire chauffer l'huile et faire revenir le poulet avec l'oignon haché. Saupoudrer de sel, de poivre, de cannelle et de safran colorant.

Ajouter les pistils de safran pur, remuer constamment jusqu'à ce que l'oignon soit doré. Mouiller sous un litre d'eau et porter à ébullition pendant 30 min sur feu vif. Cinq minutes avant la cuisson, ajouter le persil et remuer. Ôter le poulet, le désosser et émietter la chair.

Garder la marmite sur feu doux pour réduire la sauce et ajouter les oeufs un à un en remuant pour homogénéiser le mélange. Retirer du feu à évaporation complète de l'eau.

Farce d'amandes : Pocher et monder les amandes. Les faire dorer dans une friture puis les disposer sur du papier absorbant. Laisser refroidir un moment et les hacher avec le sucre en les passant brièvement dans un mixeur. Ajouter l'eau de fleurs d'oranger et la cannelle puis mélanger pour imprégner son parfum aux amandes.

A l'aide d'un pinceau, badigeonner une plaque de four de forme circulaire avec du beurre fondu et étendre cinq feuilles de pastilla. Elles doivent dépasser le bord de la plaque. Les badigeonner également de beurre fondu puis étaler une feuille au milieu de la plaque servant à bien contenir la farce.

Tapisser l'intérieur de la plaque avec le mélange d'oeufs et d'oignon et étaler la chair du poulet en deuxième couche. Arroser de beurre fondu puis étaler le mélange d'amandes en troisième couche.

Rabattre les bord des feuilles sur la farce et badigeonner avec du beurre fondu. Poser une autre feuille enduite de jaune d'oeuf sur la pastilla afin de souder toute la face et de cacher les plis.
Enduire une dernière fois avec du beurre fondu et mettre au four, préchauffé à 220°C, pendant 30 min. La pastilla doit prendre une couleur dorée.

Avant de servir, garnir la pastilla avec du miel et saupoudrer d'amandes concassées, du sucre glace et de la cannelle.

R'fissa

Ingrédients :

Le m'semmen (galettes):

- *500 g de farine de blé*
- *250 g de farine blanche*
- *½ c.à.c. de sel*
- *½ l d'eau*
- *½ petit verre d'huile*

Le poulet :

- *1 poulet de 1,5 kg*
- *2 gros oignons*
- *5 c.à.s. d'huile*
- *1 bouquet de persil et de coriandre*
- *du sel et du poivre*
- *½ c.à.c. de gingembre*
- *un peu de safran colorant*
- *quelques pistils de safran pur*
- *de l'eau*

Garniture :

- *200 g d'amandes frites et concassées*

Préparation :

Mélanger les deux farines dans un plat avec le sel et verser l'eau progressivement. Pétrir énergiquement pour obtenir une pâte lisse. Ajouter de l'eau si nécessaire.

Faire de petites boules, les badigeonner avec de l'huile et les aplatir avec les doigts pour obtenir de petits ronds.

Les disposer l'une sur l'autre et les souder en les écrasant avec les doigts.

Étaler les deux feuilles finement en les badigeonnant avec de l'huile pour former une seule feuille de forme circulaire plus grande et presque transparente.

Sur feu doux, cuire la feuille de pâte sur une poêle lisse et légèrement huilée et la dorer des deux côtés. Disposer sur du papier absorbant et refaire l'opération pour le reste des boules.

Une fois que vous avez cuit toute la pâte, séparez chaque feuille que vous avez préalablement collée pour obtenir plusieurs feuilles fines.

Rouler et couper les feuilles, à l'aide de ciseaux, en petits morceaux d'un cm d'épaisseur. Défaire les nouilles puis disposer dans la passoire du couscoussier.

Dans la marmite du couscoussier, disposer le poulet, les oignons ciselés, l'huile, le bouquet de persil et de coriandre, les épices puis saler. Faire saisir le poulet et ajouter deux litres d'eau. Couvrir et laisser cuire pendant 35 min jusqu'à cuisson complète du poulet, tout en gardant de la sauce pour arroser le *m'semmen*.

Au cours de la cuisson du poulet, retirer le couvercle et remplacer le par la passoire du couscoussier contenant les morceaux du *m'semmen*. Les faire tiédir pendant environ 6 min.

Servir en plaçant le poulet au centre de l'assiette entouré du m'semmen. Arroser avec le bouillon du poulet et saupoudrer d'amandes.

Poulet aux olives

Ingrédients :

- *1 poulet de 1,5 kg*
- *3 oignons hachés*
- *6 c.à.s. d'huile*
- *4 gousses d'ail écrasées*
- *du sel*
- *½ c.à.c. de poivre*
- *½ c.à.c. de gingembre*
- *un peu de safran colorant*
- *de l'eau*
- *1 c.à.s. de persil et de coriandre hachés*

Décoration :

- *100 g d'olives rouges*
- *quelques lamelles de citron confit*

Préparation :

Rincer le poulet avec de l'eau salée et l'égoutter. Sur feu moyen, faire saisir le poulet dans une marmite avec les oignons hachés, l'huile, l'ail et le sel. Bien remuer jusqu'à coloration des éléments. Ajouter les épices et continuer à remuer jusqu'à ce que le poulet soit doré de tous les côtés.

Ajouter un litre d'eau, fermer la marmite et laisser cuire pendant 30 min. Vérifier si le poulet est bien cuit, l'ôter et le faire dorer dans un four à 220°C. Réserver la sauce.

Faire ébouillanter pendant 10 min les olives rouges et les égoutter.

Disposer les olives dans la marmite avec le citron confit, le persil et la coriandre hachés et faire réduire et épaissir la sauce.

Servir le poulet doré avec la sauce, décoré d'olives et de lamelles de citron confit.

couscous aux légumes

Ingrédients :

- *1,5 kg de viande*
- *1 gros oignon*
- *8 c.à.s. d'huile de table*
- *8 c.à.s. d'huile d'olive*
- *1 tomate mondée et coupée*
- *1 c.à.s. de sel*
- *1 c.à.c. de poivre*
- *1 c.à.c. de gingembre*
- *¼ de c.à.c. de safran colorant*
- *l'eau (3 litres environ)*
- *400 g de carottes*
- *250 g de navets*
- *250 g de courgettes*
- *½ chou*
- *500 g de courge rouge*
- *1 bouquet de persil et de coriandre*
- *du piment de Cayenne (selon le goût)*
- *1 c.à.c. de beurre rance (selon le goût)*

Le couscous :

- *1 kg de semoule de couscous de calibre moyen*
- *4 c.à.s. d'huile*
- *1 c.à.s. de sel*
- *de l'eau*
- *1 c.à.s. de beurre ou de beurre rance (smen)*

Préparation :

Dans la marmite du couscoussier faire revenir, sur feu moyen, les morceaux de viande avec l'huile puis ajouter l'oignon ciselé et les morceaux de tomate.
Remuer, saler, épicer et dès que la viande prend la couleur dorée, mouiller avec 3 litres d'eau environ, couvrir et porter à ébullition.

Laver et éplucher les légumes puis les tailler dans le sens de la longueur.
Couper la courge rouge en gros morceaux et le chou en deux quartiers. Relaver le tout et réserver dans l'eau fraîche.

Pendant ce temps, disposer la semoule dans un plat, arroser avec 2 c.à.s. d'huile et travailler entre les paumes des mains. Diluer le sel dans un grand verre d'eau, imbiber la semoule, puis continuer à travailler. Laisser reposer 20 min et transférer la semoule dans la passoire puis celle-ci sur la marmite du couscoussier. Dès que la vapeur commence à traverser la semoule, retirer la passoire et couvrir la marmite.

Remettre la semoule dans le plat, arroser d'un grand verre d'eau et travailler en séparant les graines collées puis laisser reposer 10 min.

En ce moment, ajouter dans la marmite les carottes, les navets, le bouquet de persil et de coriandre puis le piment de Cayenne. Cuire une deuxième fois la semoule à la vapeur pendant 20 min. La semoule doit être encore cuite 3 fois de la même façon. Avant la dernière cuisson, ajouter le beurre et travailler.

Avant la cuisson complète des carottes et des navets, ajouter les morceaux de courge rouge, les courgettes et le chou. Laisser cuire encore 15 min. (La cuisson de ces derniers légumes est rapide).

Disposer la semoule chaude dans un plat de présentation en creusant un puits au centre pour y mettre la viande et les légumes autour. Arroser avec la sauce et servir chaud.

Tajine aux pruneaux

Ingrédients :

- *1 kg de viande de veau*
- *2 gros oignons hachés*
- *6 c.à.s. d'huile*
- *du sel*
- *½ c.à.c. de poivre*
- *½ c.à.c. de gingembre*
- *un peu de safran colorant*
- *quelques pistils de safran pur*
- *4 gousses d'ail écrasées*
- *de l'eau*
- *250 g de pruneaux secs*
- *2 c.à.s. de sucre semoule*
- *½ c.à.c. de cannelle*
- *1 c.à.c. de beurre*

Décoration :

- *1 c.à.s. de graines de sésame*
- *100 g d'amandes mondées et frites*

Préparation :

Sur feu doux, faire saisir la viande avec l'huile, les oignons hachés, le sel, les épices, l'ail écrasé et remuer de temps à autre.

Ajouter un litre et quart d'eau, couvrir et laisser mijoter jusqu'à ce que la viande soit cuite (pendant 40 min) tout en gardant un peu de sauce pour servir.

Pour confire les pruneaux, les faire pocher et les égoutter puis les disposer dans une casserole sur feu doux. Ajouter le sucre, la cannelle et le beurre. Laisser confire pendant environ 10 min en remuant.

Servir chaud et décorer avec les amandes et les graines de sésame.

Tajine aux haricots verts

Ingrédients :

- *1 kg de viande de bœuf*
- *1 gros oignon*
- *6 c.à.s. d'huile*
- *1 tomate épluchée et coupée en dés*
- *4 gousses d'ail écrasées*
- *du sel*
- *¼ de c.à.c. de poivre*
- *½ c.à.c. de gingembre*
- *un peu de safran colorant*
- *de l'eau*
- *500 g d'haricots verts*
- *2 courgettes*
- *le jus d'un ½ citron*
- *1 c.à.s. de persil et de coriandre hachés*

Préparation :

Sur feu doux, faire revenir les morceaux de viande avec l'huile, l'oignon haché, la tomate, l'ail et le sel. Remuer et ajouter les épices pour les incorporer à tous les ingrédients. Ajouter de l'eau à hauteur du contenu puis couvrir et laisser cuire pendant 45 min.

Effiler et faire pocher (à moitié) les haricots verts dans de l'eau salée.
Les égoutter et les disposer dans la marmite après 30 min de cuisson de la viande.

Laver, éplucher et découper les courgettes. Dix minutes avant la fin de la cuisson de la viande, les disposer dans la marmite en même temps que le jus de citron et le mélange de persil et de coriandre.

Servir chaud accompagné de sauce.

Tajine d'artichauts et de petits pois

Ingrédients :

- *1 kg de viande*
- *6 c.à.s. d'huile*
- *1 oignon*
- *du sel et du poivre*
- *4 gousses d'ail écrasées*
- *1 tomate épluchée et coupée en dés*
- *un peu de safran colorant*
- *½ c.à.c. de gingembre*
- *½ c.à.c. de curcuma*
- *200 g de petits pois*
- *1 kg d'artichauts*
- *le jus d'un demi-citron*

Préparation :

Faire saisir la viande dans une marmite avec l'huile, l'oignon, le sel, l'ail et les morceaux de tomate. Dès que l'oignon est sué, ajouter les épices puis remuer jusqu'à ce que le mélange prenne une couleur dorée.

Ajouter de l'eau jusqu'à ce que tous les ingrédients soient recouverts. Couvrir et laisser cuire à feu moyen pendant 30 min.

Ajouter les petits pois et faire cuire à couvert 10 min de plus. Rajouter de l'eau si nécessaire.

Effeuiller les artichauts, enlever le foin et garder le cœur dans de l'eau citronnée. Les disposer ensuite dans la marmite et ajouter le jus de citron puis laisser mijoter environ 10 autres minutes.

Servir chaud avec de la sauce.

Tajine aux coings

Ingrédients :

- *1 kg de viande de veau*
- *2 gros oignons*
- *7 c.à.s. d'huile*
- *du sel*
- *½ c.à.c. de poivre*
- *½ c.à.c. de gingembre*
- *un peu de safran colorant*
- *quelques pistils de safran pur*
- *4 gousses d'ail écrasées*
- *de l'eau*
- *500 g de coings*
- *2 c.à.s. de sucre semoule*
- *½ c.à.c. de cannelle en poudre*

Décoration :

- *quelques amandes mondées, frites et concassées*

Préparation :

Dans une marmite, faire saisir la viande dans l'huile puis saler et ajouter l'oignon haché. Incorporer les épices et l'ail puis remuer.

Dès que la viande prend de la couleur, verser de l'eau à hauteur de la viande. Laisser cuire à feu moyen pendant environ 40 min et veiller à garder un peu de sauce pour la présentation.

Laver, éplucher les coings, les couper en quartiers égaux puis les disposer dans une casserole. Les faire pocher dans de l'eau sans additif et égoutter.

Pour les confire, garder la casserole sur un feu doux et ajouter le sucre et la cannelle en remuant de temps à autre. Au bout de 15 min retirer du feu.

Servir le tajine garni des coings confits et des amandes concassées.

Tajine aux cardons

Ingrédients :

- *750 g de viande de veau*
- *5 c.à.s. d'huile*
- *du sel*
- *1 oignon*
- *¼ de c.à.c. de poivre*
- *¼ de c.à.c. de gingembre*
- *un peu de safran colorant*
- *4 gousses d'ail écrasées*
- *de l'eau*
- *2 bouquets de cardons*

Décoration :

- *1 citron confit coupé en lamelles*
- *olives rouges*

Préparation :

Laver les morceaux de viande et les faire revenir dans une marmite avec l'huile, le sel et l'oignon haché.
Remuer jusqu'à ce que l'oignon soit sué et ajouter les épices et l'ail écrasés. La viande doit prendre une couleur dorée.

Verser de l'eau (juste ce qu'il faut, tout dépend si vous désirez avoir beaucoup ou peu de sauce). Couvrir et laisser cuire pendant environ 35 min.

Pour nettoyer les cardons, éliminer les grosses côtes extérieures, très fibreuses, pour ne garder que celles de l'intérieur débarrassées de leurs fils. Couper en petits morceaux et disposer dans de l'eau citronnée. Egoutter et réserver.

Ouvrir la marmite, ajouter les cardons et laisser mijoter jusqu'à ce qu'ils deviennent tendres puis ajouter les lamelles de citron et les olives.

Pour la présentation, disposer d'abord sur un plat la viande puis les morceaux de cardons, décorer avec les lamelles de citron et les olives et arroser ensuite avec la sauce. Servir chaud.

Gigot farci

Ingrédients :

- *1 gigot de mouton de 1,5 kg*
- *3 c.à.s. de beurre*
- *8 gousses d'ail*
- *du sel et du poivre*
- *5 c.à.s. d'huile*
- *1 gros oignon*
- *½ c.à.c. de gingembre*
- *un peu de safran colorant*
- *quelques pistils de safran pur*
- *de l'eau*
- *1 c.à.c. de piment doux*

La farce :

- *250 g de viande hachée non épicée*
- *150 g de foie coupé en dés*
- *1 oeuf*
- *1 gros oignon finement haché et sué*
- *2 gousses d'ail écrasées*
- *3 c.à.s. de persil et de coriandre hachés*
- *½ c.à.c. de sel*
- *½ c.à.c. de poivre*
- *½ c.à.c. de gingembre*
- *un peu de safran colorant*
- *½ c.à.c. de piment doux*
- *1 c.à.s. de beurre*

Préparation :

Désosser le gigot délicatement et enduire l'intérieur avec une cuillère à soupe de beurre intimement liée à trois gousses d'ail écrasées en plus du sel et du poivre.

La farce :
Bien mélanger dans un saladier la viande hachée, le foie préalablement saisi dans un peu d'huile, l'oeuf, l'oignon, l'ail, la coriandre, le persil, le sel, les épices et le beurre.

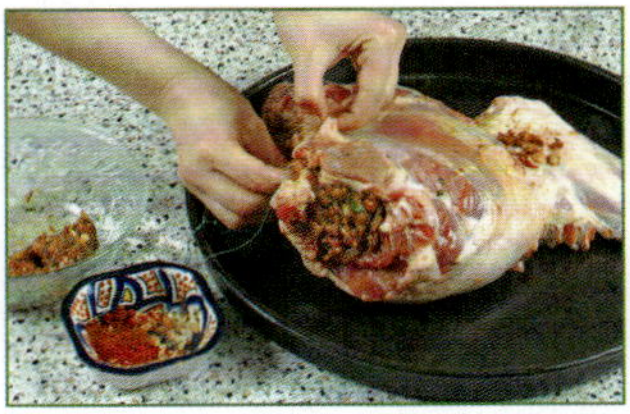

Coudre, au fil alimentaire, le gigot en prévoyant une ouverture pour farcir. Bien farcir puis raccommoder pour éviter l'échappement de la farce en cours de cuisson. Retirer le fil au moment de servir.

Dans une cocotte, faire revenir le gigot dans l'huile et une cuillère à soupe de beurre en ajoutant l'oignon haché, le reste de l'ail, le sel, le poivre, le gingembre, le safran colorant et les pistils de safran pur.

Mouiller d'eau à hauteur du contenu et laisser cuire pendant 40 min environ. Vérifier si la viande est bien cuite et la retirer du feu. Disposer ensuite le gigot sur une plaque huilée et le badigeonner avec du beurre lié au piment doux. Faire dorer au four à 220°C pendant 15 min.
Servir chaud accompagné de légumes.

Rates d'agneaux farcies

Ingrédients :

- *4 rates d'agneaux*

La farce :

- *350 g de viande hachée*
- *5 c.à.s. de coriandre hachée*
- *1 citron confit coupé en dés*
- *100 g d'olives coupées en dés*
- *du sel et du poivre*
- *un peu de piment de Cayenne*
- *1 c.à.c. de cumin*
- *5 gousses d'ail hachées*
- *2 oignons hachés et sués*

La sauce :

- *1 gros oignon*
- *1 grand verre d'eau*

Préparation :

La farce : dans un récipient, mélanger la viande hachée, la coriandre, les morceaux de citron confit, les morceaux d'olives, le sel, le poivre, le piment de Cayenne, le cumin, l'ail et l'oignon sué.

Transférer la farce dans une poche à douille et à l'aide d'un couteau, inciser les rates pour farcir.

Une fois que les rates sont farcies, les faire raccommoder ou les souder avec les piques en bois afin que la farce ne s'échappe pas au cours de la cuisson. Piquer les rates plusieurs fois à l'aide d'une fourchette.

Les disposer dans une marmite à feu moyen avec l'oignon ciselé et un grand verre d'eau, laisser mijoter jusqu'à cuisson complète, de 15 à 20 min. **Servir chaud.**

Pied de veau aux pois chiches
(Hargma)

Ingrédients :

- *1 pied de veau en morceaux*
- *250 g de pois chiches (trempés dans l'eau la veille)*
- *1 gros oignon*
- *10 gousses d'ail écrasées*
- *du sel*
- *½ c.à.c. de poivre*
- *½ c.à.c. de gingembre*
- *un peu de safran colorant*
- *½ c.à.c. de cannelle*
- *½ c.à.c. de piment doux*
- *un bouquet de persil et de coriandre*
- *de l'eau*
- *un tissu blanc propre*
- *250 g de grains de blé*

Préparation :

Laver les morceaux de pied de veau, les disposer dans une cocotte-minute avec les pois chiches, l'oignon haché, l'ail, le sel, les épices et le bouquet de persil et de coriandre. Mouiller d'eau et faire cuire environ 30 min.

Disposer deux cuillères à soupe de grains de blé lavés, dans chaque morceau de tissu, fermer et nouer en forme de bourse. Utiliser ainsi toute la quantité du blé.

Plonger les bourses dans la préparation et laisser cuire à couvert pendant environ 1 heure.
Ôter les boulettes de blé du tissu avant de servir.

Vous pouvez remplacer le blé par le riz et les raisins secs.

Pastilla marine

Ingrédients :

- *500 g de feuilles de pastilla (bricks) grand format*
- *200 g de beurre fondu*
- *1 œuf battu*

La farce :
- *750 g de chair blanche de poisson*
- *750 g de crevettes décortiquées*
- *750 g de calamars*
- *4 c.à.s. de beurre*
- *du sel et du poivre*
- *200 g de vermicelle chinois*
- *20 g de champignons noirs*
- *2 gros oignons émincés et sués dans de l'huile*
- *3 c.à.s. de persil haché*
- *4 gousses d'ail écrasées*
- *1 c.à.c. de cumin*
- *½ c.à.c. de piment doux*
- *1 c.à.c. de piment de Cayenne*
- *1 gros citron confit et découpé*
- *6 c.à.s. de sauce soja*
- *le jus d'un citron*
- *150 g de fromage râpé*
- *160 g de beurre*

Garniture :
- *150 g de fromage râpé*
- *des tranches de citron*

Préparation :

Découper la chair de poisson en gros cubes, les saler et les poivrer puis les faire poêler dans 1 c.à.s. de beurre, le temps de cuisson ne doit pas dépasser 5 min. Réserver de côté la moitié des cubes de poisson.

Saler et poivrer les crevettes puis les faire poêler dans 1 c.à.s. de beurre, le temps de cuisson ne doit pas dépasser 5 min.

Nettoyer les calamars, les laver et les découper en rondelles. Egoutter, saler et poivrer et les faire poêler environ 5 min dans 1 c.à.s. de beurre sans cesser de remuer.

Faire ramollir le vermicelle chinois, l'egoutter puis le découper en morceaux et le mettre dans un récipient. Faire de même pour les champignons noirs, les rincer puis les découper en menu-morceaux.

Dans une grande poêle sur feu moyen, faire fondre 1 c.à.s. de beurre et mélanger la moitié des morceaux de poisson, les crevettes, les calamars, l'oignon sué, le persil, les champignons, le vermicelle chinois, l'ail, le cumin, le piment doux, le piment de Cayenne et le citron confit. Verser la sauce soja et le jus de citron. Remuer délicatement jusqu'à homogénéisation de tous ces ingrédients. Ajouter du sel si nécessaire.

Beurrer une plaque à four et étendre 5 feuilles de pastilla en les chevauchant. Celles-ci doivent dépasser le bord de la plaque. Les badigeonner également de beurre fondu. Placer au milieu, une autre feuille de pastilla servant à contenir la farce.

Etaler la farce et égaler. Ajouter la moitié réservée de morceaux de poissons, saupoudrer de fromage râpé et arroser de beurre fondu.

Rabattre les bords des feuilles sur la farce et badigeonner avec du beurre fondu. Couvrir avec une autre feuille, pour souder et cacher les plis. Enduire une dernière fois avec du beurre fondu puis d'œuf battu. Faire cuire dans un four préchauffé à 220°C jusqu'à dorure environ 30 min.

Garnir la pastilla de fromage râpé et de tranches de citron. Servir chaud.

Poisson farci

Ingrédients :

- *1 poisson de 1,5 kg*
- *1 poivron rouge*
- *1 poivron jaune*
- *1 kg de fenouils*
- *3 céleri-rave*
- *1 citron*
- *2 tomates*
- *2 feuilles de laurier*
- *de l'eau*

La chermoula (marinade) :

- *5 c.à.s. de persil et de coriandre hachés*
- *½ c.à.c. de sel*
- *½ c.à.c. de poivre*
- *1 c.à.c. de piment doux*
- *1 c.à.c. de cumin*
- *un peu de safran colorant*
- *le jus d'un demi citron*
- *1 petit verre de mélange d'huile d'olive et d'huile de table (15 cl)*
- *5 gousses d'ail écrasées*

La farce :

- *130 g de riz*
- *½ c.à.c. de sel*
- *1 c.à.s. de beurre*
- *2 c.à.s. d'olives dénoyautées*
- *1 citron confit coupé en petits dés*
- *2 c.à.s. d'huile*
- *2 c.à.s. de persil et de coriandre hachés*
- *½ c.à.c. de piment doux*
- *½ c.à.c. de poivre*
- *½ c.à.c. de cumin*

Préparation :

Laver et découper les légumes en morceaux égaux pour qu'ils cuisent en même temps.

La farce : pocher le riz dans de l'eau salée, égoutter et disposer dans un récipient. Ajouter le beurre, les morceaux d'olives et de citron confit, l'huile, le persil, la coriandre, le piment doux, le poivre et le cumin. Mélanger et réserver.

Pour préparer la chermoula, il suffit de mélanger ses ingrédients.

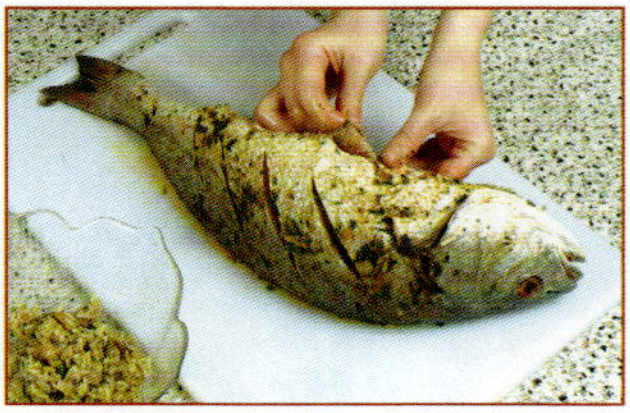

Évider, écailler et ébarber le poisson, puis laver à l'eau courante. Etaler un peu de la chermoula à l'intérieur et farcir.
Raccommoder avec un fil alimentaire. A l'aide d'un couteau, pratiquer des entailles sur la chair de poisson et les enduire de la chermoula.

Sur une plaque de four disposer les légumes en lit, ajouter les feuilles de laurier et poser le poisson farci puis arroser le tout avec le reste de chermoula. Décorer avec les poivrons et le citron en lamelles, ajouter un verre d'eau et mettre au four préchauffé à 220°C jusqu'à cuisson complète des légumes (pendant environ 30 min).

Boulettes de sardines

Ingrédients :

- *1 kg de sardines*
- *2 carottes*
- *2 pommes de terre*
- *2 c.à.s. de riz pochés*
- *1 citron coupé en rondelles*
- *1 tomate coupé en rondelles*
- *1 feuille de laurier*
- *de l'eau*
- *100 g d'olives*

La chermoula (marinade) :

- *4 c.à.s. de persil et de coriandre hachés*
- *½ c.à.c. de sel*
- *½ c.à.c. de poivre*
- *1 c.à.c. de piment doux*
- *1 c.à.c. de cumin*
- *un peu de safran colorant*
- *1 c.à.s. d'ail écrasées*
- *½ petit verre de mélange d'huile de table et d'huile d'olive*
- *le jus d'un citron*

Préparation :

La chermoula : dans un récipient, mélanger le persil et coriandre hachés, le sel, le poivre, le piment doux, le cumin, le safran colorant, l'ail, le mélange d'huiles et le jus de citron.

Laver et évider les sardines puis retirer les arêtes. Éplucher et découper les carottes en petits morceaux. Faire de même pour les pommes de terre.

Hacher les sardines dans un moulin (vous pouvez aussi le faire à la main).

Mélanger la moitié de la chermoula avec le riz et les sardines hachées puis transformer toute la préparation obtenue en boulettes.

Disposer les boulettes dans une marmite, ajouter les carottes, les pommes de terre, le citron, la tomate, les olives, la feuille de laurier et le reste de la chermoula.
Verser deux verres d'eau, couvrir et laisser mijoter sur feu doux pendant environ 15 min.

Servir chaud.

Seffa aux cheveux d'ange

Ingrédients :

- *1 kg de cheveux d'ange*
- *8 c.à.s. d'huile*
- *du sel*
- *de l'eau*
- *150 g de raisins secs*
- *2 c.à.s. de beurre*

Décoration :

- *100 g d'amandes pochées, frites et concassées*
- *du sucre glace*
- *de la cannelle*

Préparation :

Pour cuire les cheveux d'ange à la vapeur, faire bouillir deux litres d'eau citronnée dans la marmite du couscoussier puis disposer les cheveux d'ange dans un plat et travailler avec l'huile. Les transférer dans la passoire du couscoussier et laisser cuire à feu moyen pendant environ 20 min.

Retirer la passoire et remettre les cheveux d'ange dans le plat. Arroser d'un verre d'eau salée, mélanger bien et défaire les nouilles éventuelles à la main.
Disposer une deuxième fois dans la passoire et faire cuire à la vapeur. Refaire ceci jusqu'à cuisson complète des cheveux d'ange.

Juste avant la dernière étape de cuisson, ajouter les raisins secs, préalablement nettoyés et rincés, aux cheveux d'ange pour les cuire aussi à la vapeur.

Avant la présentation, disposer les cheveux d'ange dans le plat, ajouter deux cuillères à soupe de beurre, laisser fondre et mélanger.

Servir dans un plat de présentation et décorer avec les amandes concassées, de la cannelle et du sucre glace.

Seffa aux riz

Ingrédients :

- 2 bols de riz
- 3 c.à.s. de beurre
- 4 bols d'eau
- 1 c.à.s. de sucre semoule

Décoration :
- 100 g d'amandes (ébouillantées, mondées et frites)
- de la cannelle en poudre
- du sucre glace

Préparation :

Disposer le riz et le beurre dans une marmite sur feu doux en remuant constamment.

Ajouter l'eau et laisser cuire jusqu'à son absorption complète, remuer de temps à autre. Ajouter le sucre et laisser fondre.

Pour la présentation, placer le riz sur un plat sous forme d'une pyramide et décorer avec les amandes, du sucre glace et de la cannelle.

Briouates aux amandes

Ingrédients :

- *250 g d'amandes pochées et mondées*
- *100 g de sucre semoule*
- *50 g de beurre*
- *½ c.à.c. de cannelle*
- *1 pincée de gomme arabique en poudre*
- *1 c.à.s. d'eau de fleurs d'oranger*
- *24 feuilles de pastilla de format moyen*
- *1 jaune d'oeuf*
- *de l'huile pour friture*
- *500 g de miel*

Décoration :

- *50 g d'amandes frites et concassées*

Préparation :

Faire ébouillanter les amandes, les monder, les essuyer avec une serviette propre puis les mixer avec le sucre. Ajouter 1 c.à.c. de beurre, la cannelle, la gomme arabique et l'eau de fleurs d'oranger. Bien mélanger avec les mains puis confectionner des boulettes.

Découper la feuille de pastilla en larges lanières, badigeonner chacune avec du beurre fondu et y disposer une boulette de pâte d'amandes. Plier en forme de triangle en procédant de droite à gauche puis de gauche à droite. Coller la dernière partie de la lanière avec du jaune d'oeuf.

Faire dorer les briouates des deux côtés dans une friture brûlante puis les plonger dans du miel. Les égoutter et les décorer avec des amandes concassées. **Servir froid.**

On peut aussi ébouillanter les amandes, les monder, les faire frire et les mixer avec le sucre, le beurre, la cannelle, la gomme arabique et l'eau de fleurs d'oranger.
Avant la friture, les briouates peuvent être conservées dans une boîte hermétique au congélateur.

SOMMAIRE